AF302541

BURN-OUT

Ratschläge zum Erkennen
und Vermeiden von Burn-out

Verfasst von Priscilla Mommens-Valenduc
Übersetzt von Mareike Lobeck

Für die Arbeitswelt 50MINUTEN.de

BURN-OUT

- **Ziel:** sich aus dem Teufelskreis des Burn-outs befreien
- **Anwendung:** Mit den richtigen Techniken lernen Sie, Abstand zu nehmen und Ihre Emotionen zu kontrollieren, Ihre Grenzen zu erkennen und zu respektieren, sich selbst gegenüber nachsichtiger zu sein, sowie kürzerzutreten.
- **Arbeitskontext:** Gesundheit und Wohlbefinden bei der Arbeit
- **FAQ:**
  - Woran erkennt man Burn-out?
  - Stress oder Burn-out: Wann muss man sich Sorgen machen?
  - Gibt es besonders gefährdete Berufsgruppen?
  - Ist Burn-out eine Krankheit?
  - Wird Burn-out vom Gesetz anerkannt?
  - Ist Burn-out ansteckend?
  - An wen sollte man sich bei Burn-out wenden?

Ihre Arbeit ist für Sie mehr als nur ein Brotverdienst – sie ist Ihre Leidenschaft! Jeden Tag sind Sie mit Körper und Seele dabei, erfüllen Ihre Missionen, liefern Qualitätsarbeit und erfüllen bzw. übertreffen Ihre Ziele. Sie sind gewissenhaft, fast schon perfektionistisch, und streben nach Anerkennung, koste es, was es wolle. Aus diesem Grund lehnen Sie nie eine Aufgabe ab und sind bereit, dafür Überstunden zu leisten. Sie sind morgens die erste Person und abends die letzte im Büro und Sie neigen dazu, Arbeit mit nachhause zu nehmen, „nur um die Aufgabe abzuschließen". Sie sind enorm motiviert und voller Tatendrang und Energie. Sie arbeiten immer mehr – vielleicht sogar schon zu viel?

Die Momente, in denen Sie sich entspannen, werden immer kürzer und Sie verbringen kaum noch Zeit mit Ihrer Familie und Ihren Freunden. Ihre Gedanken kreisen nur noch um die Arbeit und lassen keinen Raum mehr für Privates. Tief in Ihrem Inneren hat sich der Stress festgesetzt und lässt Sie nicht mehr los. Sie sind erschöpft und Ihr Körper kann mit Ihrem hohen Tempo nicht mehr mithalten. Sie sind der Überlastung nicht mehr gewachsen: Es schleichen sich immer mehr Fehler ein, die Arbeit macht Ihnen keinen Spaß mehr, Sie haben das Gefühl, zu versagen, und verlieren jegliche Selbstachtung. Dieser Prozess hat sich ohne Vorwarnung in Gang gesetzt und Sie haben ihn nicht kommen sehen. Erst jetzt bemerken Sie, was passiert ist, doch nun ist es zu spät: Sie leiden bereits an Burn-out.

Wie kann man vermeiden, an diesen Punkt zu kommen, an dem es kein Zurück mehr gibt? Lernen Sie, auf sich zu achten, auf Ihren Körper zu hören und klare Grenzen zu ziehen. Erkennen Sie die Vorzeichen von Burn-out und schädlichen Verhaltensweisen, bevor es zu spät ist.

BURN-OUT: DIE GRUNDLAGEN

WAS IST BURN-OUT?

Seit etwas mehr als zehn Jahren wird in den Medien verstärkt vor Burn-out gewarnt, das heutzutage regelrecht zu einer Volkskrankheit geworden ist. Dieser aus dem Englischen übernommene Begriff bezeichnet das „Syndrom des Ausgebranntseins, der völligen psychischen und körperlichen Erschöpfung" (Duden).

Wörtlich bedeutet das Verb „to burn out" „ausbrennen". Eine Person, die an Burn-out leidet, ist also aufgrund ihrer Arbeit ausgebrannt. Ein Gefühl der Machtlosigkeit und Verzweiflung führt dazu, dass sie sich sowohl psychisch als auch körperlich ausgelaugt fühlt.

Burn-out in der Fachliteratur

Das Konzept des Burn-outs wurde der Kernphysik entlehnt, wo es das „Durchbrennen von Brennstoffelementen bei Überhitzung" (Duden) bezeichnet, was eine Explosionsgefahr des Motors zur Folge hat.

Im Jahr 1969 wurde der Begriff „burnout" das erste Mal in einem Fachartikel verwendet, um ein psychologisches Phänomen aus der Arbeitswelt zu bezeichnen. Der Autor des Artikels, Harold Bradley, beschrieb ein Modell für die Betreuung jugendlicher Straftäter in gemeindebasierten Programmen, das Bewährungshelfer vor Burn-out schützen sollte.

Der Psychologe und Psychoanalytiker Herbert Freudenberger, der in einer Suchtklinik in New York arbeitete, nahm den Begriff im Jahr 1974 in einem Artikel auf. Er beschrieb darin den Prozess der Entmutigung, Desillusionierung und Erschöpfung, den er bei ehrenamtlichen Mitarbeitern feststellte. Freudenberger litt selbst zweimal an Burn-out, was seinen Texten über dieses Thema zusätzliche Glaubwürdigkeit verleiht. Er wird heute als Begründer des Konzepts angesehen. Anhand des Bildes innerlich auszubrennen vergleicht der Psychologe den betroffenen Menschen mit einem brennenden Gebäude:

> Unter dem Druck, den das Leben in unserer heutigen komplexen Welt ausübt, verschwindet die innere Kraft, als würde sie verbrennen. Zurück bleibt lediglich eine große innere Leere, selbst wenn die äußere Hülle noch intakt aussieht.[1] (Freudenberger, 1987)

Im Rahmen ihrer sozialpsychologischen Forschung dehnte die Psychologin Christina Maslach die Burn-out-Definition von sozialen Berufen auf jede Arbeit aus, die großes emotionales und soziales Engagement erfordert. Dies bezieht nun nicht nur Pflegepersonal und Sozialarbeiter, sondern auch Lehrer und Anwälte mit ein.

Burn-out heute

Seit der ersten Erwähnung des Begriffes wurde die Definition von Burn-out immer wieder angepasst. Dabei sind sich die zahlreichen Mediziner und anderen Autoren, die sich mit dem Thema beschäftigt haben, in einer Sache einig: Auslöser des Prozesses ist das Arbeitsumfeld. Während man Burn-out in den 1970er Jahren noch auf so-

---

1. Übersetzt für 50Minuten.de

ziale Berufe beschränkte, gehen Analytiker und Therapeuten seit Ende der 80er Jahre davon aus, dass das Syndrom einen wesentlich größeren Teil der Arbeitsbevölkerung betrifft. Es handelt sich um ein gesellschaftliches Problem, von dem alle Berufsfelder betroffen sind. Zu potenziellen Faktoren und der Behandlung sind zahlreiche Studien ausgeführt worden.

DIE DREI DIMENSIONEN DES BURN-OUTS

Christina Maslachs Forschungsarbeit zum Burn-out hat Ende der 1970er Jahre einen großen Beitrag zu der Definition der Hauptmerkmale des Syndroms und der Diagnose geleistet. Zusammen mit der Psychiaterin Susan Jackson entwickelte sie im Jahr 1981 eine Methode, mit der Burn-out gemessen werden kann. Dazu identifizierten Maslach und Jackson drei Dimensionen des Burn-outs: emotionale Erschöpfung, Depersonalisierung und persönliche Leistungsfähigkeit.

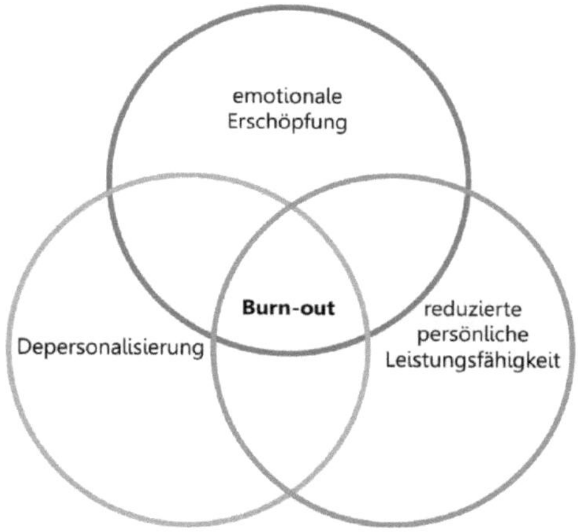

Emotionale Erschöpfung

Eine Person, die an Burn-out leidet, fühlt sich permanent psychisch wie körperlich unter Druck. Aufgrund dieses Drucks, Angst, starker Erschöpfung und/oder Schlafstörungen, die den Alltag der betroffenen Person beherrschen, fühlt diese sich all ihrer emotionalen Kraft beraubt.

Depersonalisierung

Da die betroffene Person am Ende ihrer Kräfte ist, beschließt sie, sich gegen ihr Umfeld „abzuhärten", sprich sich durch Depersonalisierung (auch Selbstentfremdung) gegen emotionale Belastung zu schützen: Sie nimmt ihre Gegenüber nun als Objekte oder Nummern wahr und nicht mehr als eigenständige Menschen. Die Person entwickelt so eine gewissen Gefühllosigkeit sowie eine negative Sicht auf ihre Mitmenschen und die Arbeit im Allgemeinen. Die Depersonalisierung wirkt als Selbstschutzmechanismus, mit dem sich die Person wie mit einem Panzer vor der schmerzvollen Außenwelt schützen kann.

Reduzierte persönliche Leistungsfähigkeit

Maslach und Jackson verstehen unter „persönlicher Leistungsfähigkeit" Erfolg und Kontrolle über die Ereignisse. Die an Burn-out leidende Person hat das Gefühl, keinen Einfluss auf die Dinge, die ihr geschehen, nehmen zu können. Zudem fühlt sie sich nicht in der Lage die meist selbstgesteckten (utopischen) Ziele zu erreichen. Versagensängste, Frustration und Entmutigung nagen an ihr, sodass sie das Gefühl hat, zu nichts nutze zu sein. Ihr Selbstbild ist äußerst schlecht.

Maslach und Jackson werten die drei Kategorien mithilfe eines Fragenkatalogs aus, der aus 22 Fragen besteht. Ihre Methode, das *Maslach Burnout Inventory*, hat sich in der Diagnostik von Burn-out durchgesetzt.

EIN SCHLEICHENDER PROZESS

Burn-out entsteht nicht von heute auf morgen. Vielmehr handelt es sich um einen langsamen, allmählich in Zyklen fortschreitenden Prozess. Dieser kann in eine gewisse Anzahl von Phasen unterteilt werden, wobei diese je nach Expertenmeinung voneinander abweichen können.

Ein beliebtes Modell ist das 12-Phasen-Modell von Freudenberger und North (1985). Dabei folgen die Phasen nicht unbedingt in der angegebenen Reihenfolge aufeinander. Es ist durchaus möglich, dass einige Phasen ausgelassen werden und andere gehäuft vorkommen. Auch ihre Dauer ist von Mensch zu Mensch unterschiedlich.

1 – Grenzenlose Motivation

Sie sind voller Energie und geben bei der Arbeit 100 %. Dabei denken Sie an nichts anderes, als Ihr Bestes zu geben. Mittelmäßigkeit lassen Sie nicht zu. Ihr Ziel ist es, Qualität zu liefern, koste es, was es wolle. Von Ihrem Ehrgeiz getrieben wollen Sie als gutes Beispiel vorangehen. Sie streben gleichzeitig nach Exzellenz und Anerkennung.

2 – Übersteigerte Ansprüche

In Ihrem ständigen Bestreben nach Perfektion zwingen Sie sich, Ihre Grenzen zu überschreiten. Sie leisten Überstunden oder nehmen Arbeit mit nachhause. Sie haben kaum noch Zeit zu entspannen und die Arbeit nimmt immer mehr Platz in Ihren Gedanken ein.

3 – Vernachlässigung eigener Bedürfnisse

Sie opfern immer häufiger Ihre Hobbys und Freizeitbeschäftigungen für die Arbeit. Sie gehen weniger aus, nehmen sich weniger Zeit zum Essen und verkürzen Ihre Schlafenszeit. Außerdem hören Sie immer weniger auf Ihren Körper. Denn für diese Dinge haben Sie ganz einfach „keine Zeit".

4 – Flucht

Es kommt immer häufiger zu Situationen, in denen es Ihnen schlecht geht, Sie gestresst sind oder Panik verspüren. Allerdings können Sie die Ursache dafür nicht ausmachen. Stattdessen sagen Sie sich, dass „es von alleine weggehen wird" und „nur eine Phase" ist. Sie meiden Konfliktsituationen.

5 – Umdeutung von Werten

Die Arbeit hat für Sie nun oberste Priorität. Was Ihnen früher wichtig war, rückt an zweite Stelle: Sie vernachlässigen zunehmend Ihre Freunde und Familie, um alleine zu sein. Außerdem ändert sich, wie Sie Ihre Mitmenschen betrachten. So dulden Sie beispielsweise immer seltener Widerspruch.

6 – Verleugnung von Problemen

Im Umgang mit anderen werden Sie immer ungeduldiger und intoleranter. Manchmal reagieren Sie aggressiv. Sie sind davon überzeugt, dass Ihre Probleme zunehmen, weil sie zu viel Arbeit haben, Ihnen die Zeit fehlt oder Ihre Kollegen inkompetent sind.

7 – Rückzug

Sie gehen nicht mehr aus und verspüren nicht mehr das Bedürfnis (die Lust?), andere Menschen zu sehen. Ihre sozialen Kontakte sind auf ein striktes Minimum beschränkt. Die Außenwelt ist Ihnen zu anstrengend geworden, während Sie gleichzeitig die Angst, die sich in Ihnen ausgebreitet hat, nicht mehr abschütteln können. Eventuell suchen Sie in Ersatzbefriedigungen ein Ventil für Ihren Stress, indem Sie beispielsweise mehr Alkohol trinken oder rauchen.

8 – Deutliche Verhaltensänderungen

Erschöpfung, Stress und Einsamkeit haben ihre Spuren hinterlassen. Ihr Umfeld erkennt Sie kaum wieder: Sie verhalten sich in letzter Zeit

„seltsam", Ihnen wird häufig gesagt, dass Sie „keinen guten Eindruck machen" etc. Im Grunde genommen sind Sie der/die Einzige, der/die Ihre Verhaltensänderung noch nicht bemerkt hat.

9 – Depersonalisierung

Sie sind überzeugt, nichts mehr zu bieten zu haben. Sie haben jegliches Vertrauen in sich selbst und Ihre Fähigkeiten verloren und kaum noch Selbstachtung. Ihr Leben besteht nur noch aus einer Folge von automatenhaften, emotionslosen Handlungen.

10 – Innere Leere

Sie fühlen sich innerlich leer. Eventuell versuchen Sie diese Leere durch exzessive Handlungen jeglicher Art zu füllen, beispielsweise durch Tabak, Alkohol, Drogen oder Sex.

11 – Depression

Sie sind erschöpft, verzweifelt und apathisch. Dadurch haben Sie zu nichts mehr Lust, weder auf Ihre Arbeit noch auf Ihre Mitmenschen und Ihr Leben. Sie haben alle Hoffnung verloren und es scheint Ihnen undenkbar, dass Ihre Zukunft besser aussehen könnte.

12 – Völliges Burn-out

In dieser Phase geht es Ihnen so schlecht, dass Sie am Ende des Tunnels kein Licht mehr sehen und eventuell Suizidgedanken haben. Ihr Körper und Ihr Geist stehen kurz vor dem Zusammenbruch. Sie werden sich dessen nun bewusst, doch das Burn-out hat Sie bereits gefangengenommen. Es bleibt Ihnen jetzt nur noch eine Möglichkeit: Lassen Sie sich sofort helfen!

Keiner dieser Zustände ist erstrebenswert. Vielleicht haben Sie sich oder eine Ihnen nahestehende Person in einer oder mehrerer der Beschreibungen wiedergefunden. In beiden Fällen halten Sie die Karten in der Hand – bereiten Sie dem Teufelskreis ein Ende, bevor es zu spät ist!

WENN BURN-OUT DROHT

Auch wenn Burn-out ein schleichender Prozess ist, können im Vorfeld Anzeichen erkannt werden. Durch eine frühzeitige Erkennung der Symptome kann der Prozess aufgehalten werden, bevor es zu spät ist. Die im Folgenden beschriebenen Symptome beziehen sich auf eine Reihe von Analysen zu Burn-out-Symptomen. Zu diesen gehören die Arbeiten von Freudenberger (1974), Cherniss (1980), Bährer-Kohler (2012) sowie Mone und London (2014). Im Allgemeinen unterscheidet man zwischen psychischen, körperlichen und Verhaltenssymptomen.

Psychische Symptome

Das erste psychische Anzeichen beruflicher Auslaugung ist wenig überraschend eine große emotionale Erschöpfung. Die unter Burn-out leidende Person fühlt sich ständig unwohl oder gestresst. Diese Angst, die manchmal in Paranoia übergeht, führt zu einer Überempfindlichkeit. Die Person regt sich in einem Moment noch über Kleinigkeiten auf und bricht im nächsten in Tränen aus. Wegen dieses Kontrollverlusts verschanzt sich die Person so stark, dass sie sich aller Emotionen entledigt. Das Gefühl zu versagen und machtlos zu sein überkommt sie, sodass sie nicht mehr in der Lage ist, dagegen anzukämpfen. Aufgrund dieser Mutlosigkeit ist sie ganz einfach unfähig, mit problematischen Situationen umzugehen, sich zu konzentrieren oder zuzuhören. Daraufhin schottet sie sich wegen ihres daraus entstehenden schlechten Gewissens von ihren Mitmenschen ab.

Verhaltenssymptome

Wenn man die betroffene Person nicht sehr gut kennt, ist es schwierig, die psychischen Symptome zu erkennen. Anders sieht das beim alltäglichen Verhalten aus, wo Sie auch zum Beispiel bei einem Kollegen oder Angestellten Zeichen von Burn-out erkennen können. Genauer gesagt, erkennen Sie diese in Verhaltensänderungen. Während die Person früher engagiert und motiviert war, hat sie nun eine regelrechte Abneigung gegen die Arbeit entwickelt: Wenn sie nicht abwesend ist, schleppt sie sich mühsam ins Büro und sieht regelmäßig auf die Uhr. Sie schiebt ihre Aufgaben auf, ist beunruhigend unproduktiv und langsam und lässt sich schnell ablenken. Auch ihre Beziehungen zu ihren Mitmenschen haben sich komplett gewandelt: Sie ist schweigsam geworden, hält sich abseits, meidet Gespräche und mag es nicht, wenn man ihr widerspricht. Außerdem ist sie leicht reizbar und reagiert ab und zu impulsiv bis aggressiv. Ihre Teilnahmslosigkeit und fehlende Empathie sind gepaart mit einem beunruhigenden Maß an Pessimismus und Zynismus.

Körperliche Symptome

Burn-out geht ebenfalls mit körperlichen Beschwerden einher. Diese ähneln Stress, der Teil des Syndroms ist. Das verbreitetste Symptom ist große, chronische körperliche Ermüdung. Die an Burn-out leidende Person hat regelmäßig starke Migräneanfälle sowie Bauch- oder Magenkrämpfe. Die permanente Anspannung kann zudem zu Muskelsteifheit führen. Daneben können auch Panikattacken auftreten, die mit einem erhöhten Herzschlag, erhöhtem Blutdruck und Hyperventilation einhergehen. Burnout kann ebenfalls zu den körperlichen Symptomen einer Depression führen: Schlafstörungen (Schlaflosigkeit), Appetitlosigkeit, Übelkeit oder Schwindel.

Alle Burn-out-Symptome ähneln den Symptomen von Stress und Depression, nur dass die Ursache für sie im beruflichen Umfeld liegt. Die betroffene Person neigt in so gut wie jedem Fall dazu, nicht auf ihren Körper zu hören. Daher liegt es auch an ihrem Umfeld auf alarmierende Zeichen und eventuelle Anzeichen von Burn-out zu achten. Wenn Sie also vermuten, dass eine Ihnen nahestehende Person betroffen ist, sollten Sie ihr vorschlagen, einen Experten zu Rate zu ziehen.

EINE EXPLOSIVE MISCHUNG

Sie sind nun in der Lage, Anzeichen von Burn-out zu erkennen. Doch wie kommt es zum Burn-out? Sind manche Personen gefährdeter als andere? Ist

Burn-out für alle gleich? Der Arbeitspsychologe Dominique Rulkin erklärt, dass Burn-out aus einer Kombination verschiedener Faktoren entsteht, die drei Bereiche betreffen: den beruflichen Kontext, den persönlichen Kontext und den Beziehungskontext.

Der berufliche Kontext

Burn-out unterscheidet sich von Stress und Depressionen dadurch, dass seine Ursache immer im beruflichen Kontext zu finden ist. Dabei können zahlreiche Aspekte in Frage kommen und den Zustand einer Person beeinträchtigen.

Die Art der Arbeit an sich kann Burn-out auslösen. So erfordert möglicherweise die Aufgabe aufgrund ihrer Komplexität viel Zeit und Engagement oder die Arbeitslast ist besonders groß. Ein anderer Aspekt könnte sein, dass die Arbeit viel Verantwortungsübernahme verlangt oder schwerwiegende Konsequenzen für andere nach sich zieht. Knappe Fristen können ebenfalls einen Faktor darstellen, der zu Angst führt.

Zu diesen Anforderungen der Arbeit als solche kommen weitere Faktoren, die vom

Arbeitsumfeld und dem Arbeitsalltag abhängen. Auch ein schlechtes Arbeitsklima, die Tatsache, dass man für sich keinen Platz im Unternehmen findet oder die Unternehmenswerte nicht teilt, können zum Ausbruch des Syndroms führen. Eine schlechte allgemeine Organisation (unklare Aufgaben, unzureichende Ausstattung etc.) kann sich ebenfalls negativ auswirken. Eine große Rolle spielt auch fehlende Anerkennung, die zwangsläufig zu einem geringen Selbstwertgefühl führt.

Der persönliche Kontext

Auch wenn Burn-out direkt mit der Arbeit verbunden ist, wird es durch bestimmte Charaktereigenschaften begünstigt.

Der deutlichste Faktor ist dabei übermäßiges Engagement für den Beruf. Der Druck des Arbeitnehmers hängt häufig mit Qualitätsansprüchen zusammen: Ehrgeiz und Perfektionismus treiben ihn an, immer mehr zu tun. Überdurchschnittliches Engagement deutet zudem auf einen gewissen Idealismus bzw. utopische Zielsetzungen hin.

Menschen, die dazu neigen, ihren Beruf an erste Stelle zu setzen, sind ebenfalls eher von Burn-out gefährdet als andere. Das gleiche gilt für Menschen mit geringem Selbstbewusstsein. Eine weitere typische Eigenschaft von Burn-out-Patienten ist die Unfähigkeit Nein zu sagen, sprich mangelnde Durchsetzungskraft. Auch Menschen, die ungerne delegieren oder Grenzen setzen, haben oft Schwierigkeiten, eine klare Grenze zwischen Arbeits- und Privatleben zu ziehen. Das Risiko, die Kontrolle über ihre Situation zu verlieren, ist für sie besonders hoch.

Beziehungskontext

Die sozialen Beziehungen einer Person können Burn-out ebenfalls begünstigen. Es gibt jedoch keine direkte Kausalität zwischen Burn-out und dem Freundeskreis, den Liebesbeziehungen oder der Familie. Dennoch können Schwierigkeiten in diesem Bereich den auf der Arbeit aufgebauten Stress verstärken und dadurch den Burn-out-Prozess beschleunigen. Im Gegensatz dazu neigen Personen mit einem liebevollen Umfeld oder einem erfüllenden Privatleben weniger dazu, ihr ganzes Leben der Arbeit zu widmen.

Zusammen können diese Risikofaktoren, Charaktereigenschaften und Veranlagungen eine explosive Mischung ergeben. Im Allgemeinen sollte man also auf ein Gleichgewicht zwischen Berufs- und Privatleben achten und sich von Anfang an gewisse Grenzen setzen.

TIPP FÜR DEN ARBEITNEHMER

Beantworten Sie im Hinblick auf die drei besprochenen Bereiche die folgenden Fragen:

- Wie empfinden Sie Ihre Arbeit? Haben Sie den Eindruck, die Situation im Griff zu haben? Fühlen Sie sich erschöpft?
- Wie würden Sie sich beschreiben? Erkennen Sie sich im Profil der Risikopersonen wieder?
- Wie würden Sie Ihre sozialen Kontakte beschreiben? Welches Bild haben Sie von Ihren Mitmenschen?

TOP TIPPS

- Machen Sie nicht zu viel! Halten Sie sich an angemessene Arbeitszeiten und vermeiden Sie es, Überstunden anzuhäufen oder – schlimmer noch – Arbeit mit nachhause zu nehmen. Wenn Sie merken, dass es nötig wird, sollten Sie ein paar Tage Urlaub nehmen. Denken Sie daran, dass niemand unersetzlich ist: Ihr Unternehmen wird auch ohne Sie nicht untergehen.

ACHTUNG!

Im Zeitalter von Smartphone und ständiger Erreichbarkeit fällt es manchmal schwer, eine klare Grenze zwischen Arbeit und Privatleben zu ziehen. Lernen Sie dennoch, abzuschalten – sowohl im wörtlichen als auch im übertragenen Sinne: Vermeiden Sie vor allem, außerhalb Ihrer Arbeitszeiten Ihre beruflichen E-Mails zu lesen.

- Setzen Sie sich vernünftige Ziele. Ehrgeizig zu sein ist gut, zwischen dem Möglichen und

Unmöglichen unterscheiden zu können ist aber besser. Die meisten Burn-out-Kandidaten setzen sich zu hohe Ziele, die rein utopisch sind: Die Enttäuschung beim Nichterreichen ist dabei umso größer. Seien Sie ruhig anspruchsvoll, aber respektieren Sie Ihre Grenzen.

- Strukturieren Sie Ihre Arbeit. Setzen Sie Prioritäten: Welche Aufgaben sind am wichtigsten? Welche am dringendsten? Welche am komplexesten? Gehen Sie Schritt für Schritt vor und verwenden Sie wenn nötig Listen. Mit dieser Methode erkennen Sie besser das Ausmaß Ihrer Arbeitslast.

- Lernen Sie zu delegieren. Übernehmen Sie nicht alleine eine zu große Arbeitslast, sondern verteilen Sie die Aufgaben. Sie werden Ihre Mitarbeiter nicht damit kränken, ihnen die eine oder andere Mission zu übertragen. Im Gegenteil zeigen Sie Ihnen so, dass Sie ihnen vertrauen.

- Achten Sie auf Ihre Bedürfnisse. Machen Sie eine halbe bis eine ganze Stunde Mittagspause. Gönnen Sie sich eine Kaffeepause. Halten Sie sich an eine angemessene Anzahl Stunden Schlaf. Nehmen Sie sich Zeit zu frühstücken (am besten mit Ihrer Familie). Machen Sie Sport.

- Haben Sie Vertrauen in sich selbst. Selbstwertschätzung wirkt sich sehr stark auf den Burn-out-Prozess aus. Das konstante Bedürfnis, sich seiner Fähigkeiten zu vergewissern führt dazu, (verzweifelt) nach Anerkennung zu suchen und dadurch allgemein zu viel zu tun. Seien Sie selbst stolz auf das, was Sie machen.
- Nehmen Sie Abstand von Ihren beruflichen Beziehungen. Auch fehlende menschliche Wärme kann zu Burn-out führen. Versuchen Sie auch nicht, sich um jeden Preis mit Ihren Kollegen anzufreunden. Nehmen Sie Kommentare zur Arbeit nicht persönlich. Konstruktive Kritik bezieht sich in keiner Weise auf Ihre menschlichen Qualitäten.
- Umgeben Sie sich mit netten Menschen! Zu den Risikopersonen gehören Menschen, deren Privatleben sie nicht erfüllt und die dazu neigen, sich in Arbeit zu vergraben. Nutzen Sie Ihre Wochenenden, um sich mit den Menschen zu umgeben, die Sie mögen: Genießen Sie die Zeit mit Ihrer Familie und verabreden Sie sich mit Ihren Freunden.

Denken Sie also daran, zwischen Arbeits- und Privatleben zu unterscheiden. Lassen Sie sich von Problemen im Büro nicht Ihre Freizeit verderben. Denn die Arbeit ist zwar Teil Ihres Lebens, aber nicht Ihr ganzes Leben.

FAQ

WORAN ERKENNT MAN BURN-OUT?

Die Ursachen von Burn-out liegen im Arbeitsumfeld. Es entsteht langsam und schleichend und führt vor allem zu einem Gefühl der Enttäuschung, des Versagens und der Verzweiflung, wenn die betroffene Person bei der Arbeit zu hohe Anforderungen an sich stellt.

Burn-out bezeichnet einen allgemeinen Zustand von Verzweiflung, der sich durch völlige Erschöpfung auf drei Ebenen auszeichnet:

- Emotionen: Die Person ist am Ende ihrer Kräfte und verspürt keine Emotionen.
- Beziehungen: Aus Angst, noch mehr zu leiden, sondert sich die Person von der Außenwelt ab.
- Persönlichkeit: Die Person ist entmutigt und verliert ihr Selbstwertgefühl.

Zu diesen drei untrüglichen Warnsignalen kommen noch eine Reihe von psychischen Symptomen wie Paranoia, Verhaltenssymptomen wie Prokrastination und körperlichen Symptomen wie Migräne und Bauchschmerzen.

STRESS ODER BURN-OUT: WANN MUSS MAN SICH SORGEN MACHEN?

Der Grad zwischen Stress und Burn-out mag schmal erscheinen, da die beiden Konzepte eng miteinander verbunden sind. Während Stress von zahlreichen Faktoren jeder Art ausgelöst werden kann, liegt die Ursache von Burn-out jedoch immer bei der Arbeit.

Ein weiterer Unterschied ist, dass an Burn-out leidende Personen zwar systematisch die verschiedenen Stressphasen durchleben, dies umgekehrt jedoch nicht der Fall ist. Mit anderen Worten wird eine gestresste Person nicht zwangsläufig anschließend auch an Burn-out leiden. Dies hängt vielmehr von der Fähigkeit der Person ab, mit ihrem Stress umzugehen. Wenn Stresssituationen zum Dauerzustand werden und die Person die Kontrolle über die Geschehnisse verliert, sollte sie sich an einen Experten wenden.

GIBT ES BESONDERS GEFÄHRDETE BERUFSGRUPPEN?

Zwar ist niemand vollständig vor Burn-out geschützt, dennoch kommt es in manchen Berufsgruppen zu mehr Burn-out-Fällen als in anderen. Zu diesen Berufsfeldern gehören:

- soziale Berufe, das heißt Pflegeberufe (Ärzte und medizinisches Personal), Sozialarbeiter etc.
- Berufe im Bildungssektor, das heißt Lehrer, Ausbilder, Erzieher etc.
- Berufe im Sicherheitssektor, das heißt Feuerwehrleute, Polizisten, Beschäftigte im Zivilschutz etc.

Im Allgemeinen sind Berufe, in denen der Kontakt mit anderen Personen eine wichtige Rolle spielt, mehr von Burn-out betroffen als andere.

IST BURN-OUT EINE KRANKHEIT?

Genau genommen ist Burn-out keine Krankheit. Es handelt sich vielmehr um ein Syndrom, sprich ein „Krankheitsbild, das sich aus dem Zusammentreffen verschiedener charakteristische Symptome ergibt" (Duden).

Burn-out ist auch keine psychische Erkrankung wie Schizophrenie oder eine Neurose. Stattdessen handelt es sich um eine Verhaltensänderung, die durch langanhaltenden Stress ausgelöst wird.

WIRD BURN-OUT VOM GESETZ ANERKANNT?

Der Arbeitgeber ist laut BGB und Arbeitsschutzgesetz verpflichtet, auf die Rechte und Interessen des Arbeitsnehmers Rücksicht zu nehmen, sowie mögliche Risiken für seine psychische Gesundheit zu erfassen. Das heißt auch, dass der Arbeitgeber verpflichtet ist, Burn-out vorzubeugen und konkreten Anzeichen entgegenzuwirken. Zudem muss er die Arbeitsumgebung so gestalten, dass der Arbeitnehmer vor psychischer Überbelastung geschützt ist.

IST BURN-OUT ANSTECKEND?

Da Burn-out vom Arbeitsumfeld verursacht wird, kommt es nicht selten vor, dass mehrere Arbeitnehmer desselben Unternehmens bzw. derselben Abteilung gleichzeitig von dem Syndrom betroffen sind. Der Grund für ein solches Phänomen kann beispielsweise in einer Umstrukturierung liegen: Die von der Umstrukturierung betroffenen Mitarbeiter sind weniger motiviert und beschweren sich mehr. Das schlechte Arbeitsklima erhöht dann das Risiko für Burn-out.

In diesem Fall von einer Ansteckungsgefahr zu sprechen ist also gewissermaßen korrekt. Daher spielen Präventions- und Arbeitsschutzmaßnahmen, um der Ausbreitung des Syndroms im Unternehmen entgegenzuwirken, eine besonders wichtige Rolle.

AN WEN SOLLTE MAN SICH BEI BURN-OUT WENDEN?

Schon bei den ersten Anzeichen von Burn-out sollte der Rat eines Experten eingeholt werden. Am geeignetsten dafür ist sicherlich Ihr Hausarzt, da er Sie kennt und leicht Verhaltensänderungen an Ihnen feststellen kann.

Sie können sich ebenfalls an den Präventionsbeauftragten Ihres Unternehmens oder an einen Coach wenden. Anders als ein Mediziner, der sich auf eine medikamentöse

Behandlung Ihrer verschiedenen Symptome konzentrieren wird, begleitet Sie ein Coach in Ihrem Heilungsprozess, indem er Ihnen Techniken an die Hand gibt, die Ihnen helfen, besser mit Stress umzugehen.

In starken Burn-out-Fällen können eine Psychotherapie und/oder psychiatrische Behandlung in Betracht gezogen werden.

JETZT SIND SIE GEFRAGT!

24 Jahre nach dem Modell von Maslach und Jackson stellte Tage Kristensen (2005) einen weiteren Test zur Früherkennung und Diagnostik von Burn-out vor. Sein *Copenhagen Burnout Inventory* (CBI) enthält 19 Fragen, die sich an drei Achsen orientieren: persönliche, berufliche und beziehungstechnische Erschöpfung.

Den folgenden Test bietet der Psychotherapeut Peter Cogen auf seiner Internetseite *Therapie brève* an. Mithilfe der Antworten können Sie Ihren Grad der Erschöpfung bestimmen. Auch wenn das Ergebnis noch keine medizinische Diagnose ist, ermöglicht es Ihnen, abzuschätzen, ob Sie einen Arzt aufsuchen sollten.

Bewerten Sie die Aussagen und tragen Sie die entsprechende Punkteanzahl ein. Mit „Kunde" wird in diesem Test jede Person bezeichnet, mit der Sie im Rahmen Ihrer Arbeit zu tun haben.

PERSÖNLICHE ERSCHÖPFUNG		nie oder fast nie	selten	manch-mal	häufig	immer
		sehr wenig	wenig	etwas	sehr	sehr stark
1	Ich bin müde.	0	1	2	3	4
2	Ich bin körperlich erschöpft.	0	1	2	3	4
3	Ich bin emotional erschöpft.	0	1	2	3	4
4	Ich denke: „Ich kann nicht mehr."	0	1	2	3	4
5	Ich fühle mich leer.	0	1	2	3	4
6	Ich fühle mich schwach und kränklich.	0	1	2	3	4

Ergebnisse

- < 13: Sie zeigen wenige oder keine Anzeichen von persönlicher Erschöpfung.
- 13 bis 17: Sie zeigen ein paar Anzeichen von persönlicher Erschöpfung, die sie weiter beobachten sollten.
- >17: Sie sind psychisch und körperlich erschöpft.

Berufliche Erschöpfung

	BERUFLICHE ERSCHÖPFUNG	nie oder fast nie	selten	manch-mal	häufig	immer
		sehr wenig	wenig	etwas	sehr	sehr stark
7	Am Ende eines Arbeitstags fühle ich mich ausgelaugt.	0	1	2	3	4
8	Der morgendliche Gedanke an einen weiteren Arbeitstag erschöpft mich.	0	1	2	3	4
9	Die Arbeit erschöpft mich emotional.	0	1	2	3	4
10	Die Arbeit frustriert mich.	0	1	2	3	4
11	Ich fühle mich wegen der Arbeit ausgebrannt.	0	1	2	3	4
12	Jede Stunde bei der Arbeit erfordert eine große Anstrengung.	0	1	2	3	4
13	Bei meinen Freizeitbeschäftigungen mit meiner Familie und meinen Freunden fehlt es mir an Energie.	0	1	2	3	4

Ergebnisse

- < 15: Sie zeigen wenige oder keine Anzeichen von beruflicher Erschöpfung.

- 15 bis 19: Sie zeigen ein paar Anzeichen von beruflicher Erschöpfung, die sie weiter beobachten sollten.
- > 19: Ihre Arbeit erschöpft Sie psychisch und körperlich.

Beziehungstechnische Erschöpfung

BEZIEHUNGSTECHNISCHE ERSCHÖPFUNG	nie oder fast nie	selten	manch-mal	häufig	immer
	sehr wenig	wenig	etwas	sehr	sehr stark
14 Die Arbeit mit meinen Kunden ist anstrengend.	0	1	2	3	4
15 Die Arbeit mit meinen Kunden ist frustrierend.	0	1	2	3	4
16 Die Arbeit mit meinen Kunden erschöpft mich.	0	1	2	3	4
17 Im Vergleich zu dem, was ich für meine Kunden tue, enttäuscht mich, was ich von ihnen zurückbekomme.	0	1	2	3	4
18 Die Arbeit mit meinen Kunden erschöpft mich.	0	1	2	3	4
19 Ich frage mich, wie lange ich bei der Arbeit noch durchhalte.	0	1	2	3	4

Ergebnisse

- < 13: Sie zeigen wenige oder keine Anzeichen von beziehungstechnischer Erschöpfung.
- 13 bis 17: Sie zeigen ein paar Anzeichen von beziehungstechnischer Erschöpfung, die sie weiter beobachten sollten.
- > 17: Ihre beruflichen Beziehungen erschöpfen Sie psychisch und körperlich.

Ihre Meinung ist uns wichtig!
Hinterlassen Sie doch einen Kommentar auf der
Seite unserer Online-Buchhandlung
und teilen Sie Ihre Favoriten in den sozialen
Netzwerken!

DARÜBER HINAUS

LITERATURVERZEICHNIS

- *Association France Burn Out*: „Reconnaissance de la maladie professionnelle". (20.11.2016). http://asso-franceburnout.fr/reconnaissance-de-la-maladie-professionnelle (29.05.2019).

- Bährer-Kohler, Sabine: *Burnout for Experts. Prevention in The Context of Living and Working.* Springer Science & Business Media: New York 2012.

- Bradley, Harold: „Community-Based Treatment For Young Adult Offenders". In: *Crime and Delinquency* 15 (Juli 1969). SAGE Publications: Großbritannien.

- Cherniss, Cary: *Staff Burnout. Job Stress in the Human Services.* SAGE Publications: Kalifornien 1980.

- Cogen, Peter: „Burnout. Questionnaire CBI (Copenhagen Burnout Inventory)". *Thérapie brève.* (27.05.2019). http://www.therapiebreve.be/plus/tests/burnout-cbi (29.05.2019).

- *Duden*: „Burn-out". (2019). https://www.duden.de/rechtschreibung/Burn_out_Raumfahrt_Syndrom (28.05.2019).

- *Duden*: „Syndrom". (2019).
  https://www.duden.de/rechtschreibung/Syndrom
  (28.05.2019).

- Eychenne, Alexia: „Burn-out: l'entreprise va-t-elle
  bientôt payer?" *L'Express*. (22.09.2014).
  http://www.lexpress.fr/emploi/gestion-car-
  riere/burn-out-l-entreprise-va-t-elle-bientot-
  payer_1577458.html (29.05.2019).

- Freudenberger, Herbert: „Staff burn-out". In:
  Journal of Social Issues 30 (1974). Wiley-Blackwell:
  New York.

- Freudenberger, Herbert; North, Gail: *Women's
  Burnout. How to Spot it, How to Reverse it and How
  to Prevent it.* Doubleday: New York 1985.

- Freudenberger, Herbert: *L'épuisement professi-
  onnel. La brûlure interne.* Gaëtan Morin: Chicoutimi
  (Québec) 1987.

- Haufe Online Redaktion: „Burnout-Prophylaxe:
  Rechtspflichten des Arbeitgebers in gefährdeten
  Bereichen. *Haufe.de*. (19.03.2012).
  https://www.haufe.de/recht/arbeits-sozialrecht/
  burnout-prophylaxe-rechtspflichten-des-arbeitge-
  bers-in-gefaehrdet_218_78008.html (28.05.2019).

- Kristensen, Tage et al.: „The Copenhagen Burnout
  Inventory. A New Tool For The Assessment of
  Burnout". In: *Work & Stress* 19 (Juli-Sep. 2005).

- Maslach, Christina: „Burned-out". In: *Human
  Behaviour* 9 (Sept. 1976).

- Maslach, Christina; Jackson, Susan: „The Measurement of Experienced Burnout". In: *Journal of Occupational Behavior* 2 (1981). John Wiley & Sons Lt: New Jersey.

- Mone, Edward; London, Manuel: *Employee Engagement Through Effective Performance Management. A Practical Guide For Managers.* Routledge: New York 2014.

- Munster, Jean-François: „Le burn-out reconnu par la loi dès le 1er septembre". *Le Soir.* (28.08.2014). http://www.lesoir.be/638235/article/actualite/sciences-et-sante/2014-08-28/burn-out-reconnu-par-loi-des-1er-septembre (29.05.2019).

- Rulkin, Dominique: „Dossier burn-out". *Le Psychologue.* http://www.lepsychologue.be/psychologie/burn-out-sommaire.php?PHPSESSID=b3f07898bb-d4cce5518e46a6d3ea5067 (29.05.2019).

WEITERFÜHRENDE LITERATUR

- *Apotheken Umschau*: „Burn-out: Symptome, Ursachen, Therapie". (13.07.2017). https://www.apotheken-umschau.de/burnout (29.05.2019).

- Burisch, Matthias: *Das Burnout-Syndrom. Theorie der inneren Erschöpfung.* Springer Medizin: Berlin, Heidelberg 2006.

- Freudenberger, Herbert; North Gail: *Burnout bei Frauen. Über das Gefühl des Ausgebranntseins.* 13. Aufl. Aus dem Englischen von Gabriele Herbst. Fischer-Taschenbuch-Verlag: Frankfurt 2008.

- Neckel, Sieghard; Wagner, Greta (Hrsg.): *Leistung und Erschöpfung. Burnout in der Wettbewerbsgesellschaft.* Suhrkamp: Berlin 2013.

MEHR AUF 50MINUTEN.DE

- Bronckart, Véronique: *Cleveres Delegieren. Methoden zum zeitsparenden Delegieren.* Aus dem Französischen von Leonie Kremer. Plurilingua Publishing: Brüssel 2019.

- de Radiguès, Géraldine: *Stressmanagement bei der Arbeit. Tipps zum Umgang mit Stress.* Aus dem Französischen von Mareike Lobeck. Plurilingua Publishing: Brüssel 2019.

- Martin, Nicolas: *Resilienz entwickeln. Methoden zum Meistern von schwierigen Situationen.* Aus dem Französischen von Leonie Kremer. Plurilingua Publishing: Brüssel 2019.

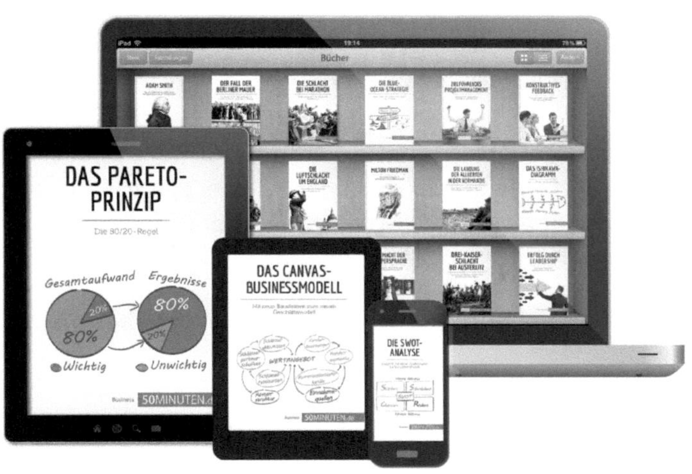

50MINUTEN.de
Geschichte
Business
Für die Arbeitswelt
Non-Fiction kompakt
Gesundheit & Wellness
Kunst und Literatur
DAS PARETO-PRINZIP
Die 80/20-Regel
Gesamtaufwand
Ergebnisse
20%
80%
80%
20%
Wichtig
Unwichtig
Business 50MINUTEN.de
DAS CANVAS-BUSINESSMODELL
WERTANGEBOT
50MINUTEN.de
DIE SWOT-ANALYSE
Bücher
SCHMÖKERN SIE SICH SCHLAU!
www.50Minuten.de

Die präsentierten Inhalte werden vom Herausgeber überprüft, dennoch übernimmt dieser keine Haftung für die inhaltliche Richtigkeit, Vollständigkeit und Aktualität der vorgestellten Inhalte.

www.50Minuten.de

ISBN digitale Ausgabe: 9782808020107

ISBN gedruckte Ausgabe: 9782808020114

Pflichtexemplar: D/2019/12603/170

Cover: © Plurilingua

Digitale Aufbereitung: Primento, der digitale Partner der Herausgeber